DA IST HERRLICHKEIT UNTER MEINER HAUT

Geschrieben und illustriert von Rebecca Morris

Übersetzung von: Anne Reising

Gewidmet unserer wunderschönen Tochter

Eliana Rose Zion

Für unseren wundervollen Sohn Raphael

Alle Lichter
sind aus,

doch ich scheine
von Innen heraus.

Das Licht in
mir drin,

ist funkelnd und
hell.

Ich bin

sicher

gehalten

geschützt

geliebt

Engel,

Engel,
ÜBERALL.

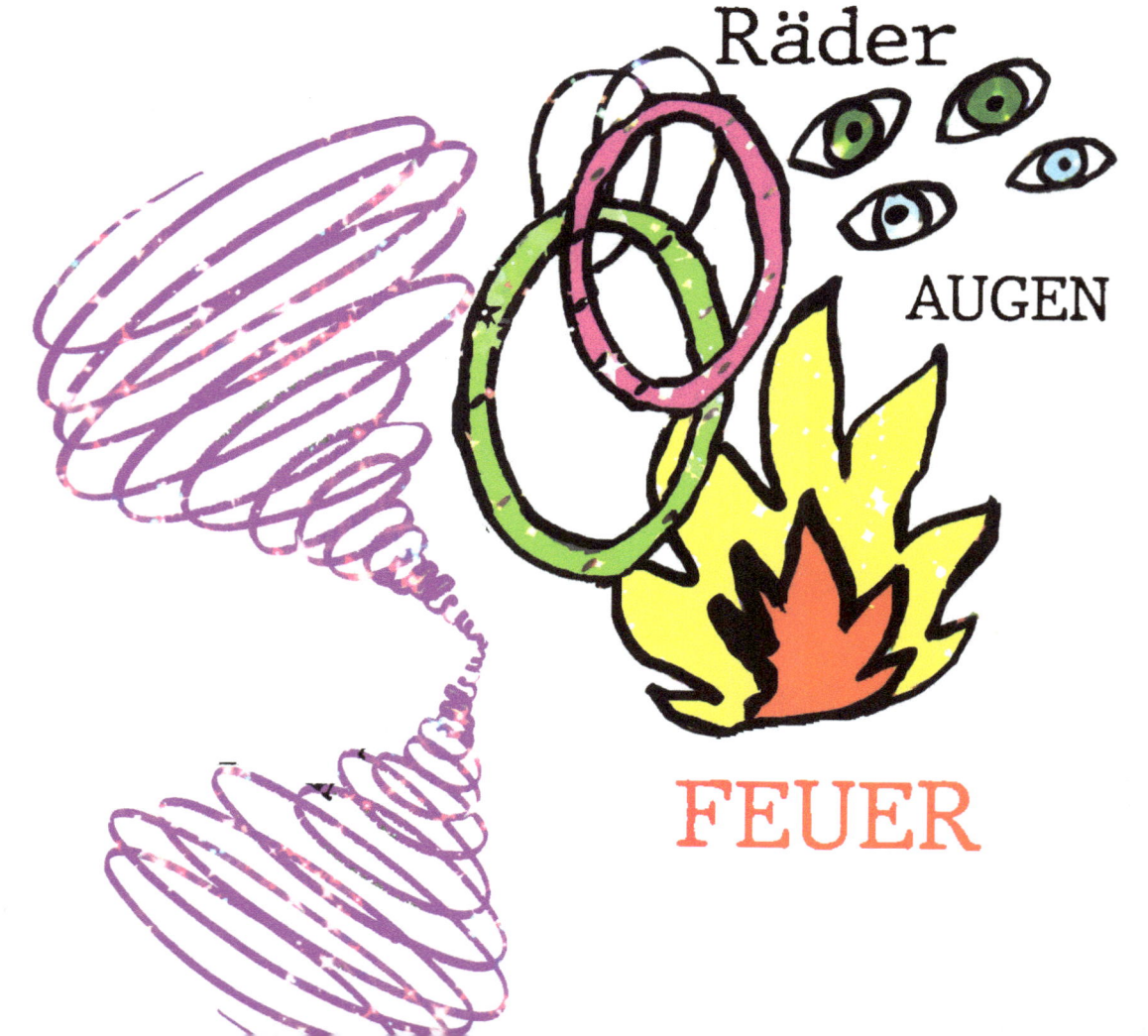

Wirbelwinde,

Räder

AUGEN

FEUER

Tore, Schlüssel, Portale, Türen

Das Wasser fließt aus meinem Herzen,

DIE HERRLICHKEIT IST UNTER MEINER HAUT.

Hallo
Jesus,

lass uns Händchen halten.

In der Dunkelheit

können wir sie sehen:

Die Geheimnisse des Himmels,

Schätze für dich und für mich!

Segnungen

Ich segne deine Träume.

Mögen die Geheimnisse
des Königreiches
um dich herum
sichtbar werden
und dich
mit hineinziehen.

Wir lieben DICH!

Ich segne dich damit, dass du weißt, wie geliebt du bist, auch dann, wenn du schläfst.

Ein riesengroßes DANKESCHÖN an die reizende
Lindi Masters,
Yeye Ikenna und Jane Schroeder
für eure
einmalige
Liebe und Unterstützung.

Ein spezieller Dank an meinen Ehemann David Morris.

Publiziert von Seraph Creative
www.seraphcreative.org

DA IST
HERRLICHKEIT UNTER
MEINER HAUT

www.ingramcontent.com/pod-product-compliance
Lightning Source LLC
Chambersburg PA
CBHW041133120626

46547CB00019B/2973

9781958997727